BEI GRIN MACHT SICH IHR WISSEN BEZAHLT

- Wir veröffentlichen Ihre Hausarbeit,
  Bachelor- und Masterarbeit

- Ihr eigenes eBook und Buch -
  weltweit in allen wichtigen Shops

- Verdienen Sie an jedem Verkauf

Jetzt bei www.GRIN.com hochladen und kostenlos publizieren

Bibliografische Information der Deutschen Nationalbibliothek:

Die Deutsche Bibliothek verzeichnet diese Publikation in der Deutschen National-
bibliografie; detaillierte bibliografische Daten sind im Internet über http://dnb.d-
nb.de/ abrufbar.

Impressum:

Copyright © 2017 GRIN Verlag
Druck und Bindung: Books on Demand GmbH, Norderstedt Germany
ISBN: 9783668897106

Dieses Buch bei GRIN:

https://www.grin.com/document/455390

Lukas Waltenrath

Beweglichkeitstestung, Trainingsplanung Beweglichkeitstraining und Koordinationstraining

GRIN Verlag

GRIN - Your knowledge has value

Der GRIN Verlag publiziert seit 1998 wissenschaftliche Arbeiten von Studenten, Hochschullehrern und anderen Akademikern als eBook und gedrucktes Buch. Die Verlagswebsite www.grin.com ist die ideale Plattform zur Veröffentlichung von Hausarbeiten, Abschlussarbeiten, wissenschaftlichen Aufsätzen, Dissertationen und Fachbüchern.

Besuchen Sie uns im Internet:

http://www.grin.com/

http://www.facebook.com/grincom

http://www.twitter.com/grin_com

Inhaltsverzeichnis

1   Personendaten

Tab. 1: Personendaten (eigene Darstellung)

Alter	24 Jahre
Geschlecht	männlich
Körpergröße	186 cm
Körpergewicht	91 kg
Trainingsmotive	Verbesserung der Beweglichkeit, um problemloses Arbeiten zu garantieren
Berufliche Tätigkeit	Sitzende Tätigkeit im Büro (ca. 8 Stunden täglich)
Aktuelle und frühere sportliche Aktivitäten	Taekwondo vom 13. bis zum 18. Lebensjahr
Zeitlicher Verfügungsrahmen	3 mal 60 Minuten pro Woche
Orthopädische und internistische Probleme	keine
Ärztliche Behandlungen	keine
Einnahme von Medikamenten	keine
Sonstige gesundheitliche Einschränkungen	keine

Unter Berücksichtigung der in Tab. 1 dokumentierten Personendaten werden im Folgenden Belastungsintensitäten, Übungen und weitere Parameter, wie der zeitliche Rahmen des Trainings, festgelegt.

In Anbetracht des allgemeinen Gesundheitszustands der dargestellten Person liegen keine Einschränkungen vor, der Kunde ist dahingehend voll belastbar. Da der dargestellte Kunde arbeitsbedingt viel sitzt und keiner sportlichen Aktivität mehr nachgeht, ist sein Alltag bewegungstechnisch sehr eingeschränkt. Diesem Defizit möchte er mithilfe eines Beweglichkeitstrainings entgegenwirken.

2   Beweglichkeitstestung

Um die eventuelle Beweglichkeitseinschränkung des Probanden genau zu definieren und ein dementsprechendes Trainingsprogramm zu planen bedarf es eines manuellen Beweglichkeitstests (Janda, 2000). Anschließend werden die Testergebnisse mit den jeweiligen Richtwerten verglichen und beurteilt. Getestet wird anhand der folgenden fünf Übungen und Muskelgruppen.

Tab. 2: Detaillierter Ablauf des Beweglichkeitstests (eigene Darstellung)

Getestete Muskelgruppe	Detaillierte Beschreibung der Testdurchführung
Brustmuskulatur (M. pectoralis major)	Die Testperson platziert sich in Rückenlage auf der Behandlungsliege. Die Beine sind angewinkelt, während die Fußsohlen Kontakt zur Auflagefläche behalten, um eine LWS-Hyperlordose zu vermeiden. Der Thorax wird vom Tester fixiert, indem ein leichter Zug mit der Hand in diagonaler Richtung von der zu testenden Seite weg ausgeübt wird. Der getestete Arm wird im Ellbogengelenk auf 90° gebeugt und im Schultergelenk abduziert und nach außen rotiert. Aussagekräftig ist hier die Position des Oberarms im Vergleich zur Horizontalen. Ein Abheben des Beckens und eine Hyperlordose im LWS-Bereich gilt es zu vermeiden (Janda, 2000, S. 270).
Hüftbeugemuskulatur (M. iliopsoas)	Die Testperson platziert sich in Rückenlage auf der Behandlungsliege, die Beine hängen von der Liege herunter, sodass das Gesäß mit der Kante der Auflagefläche abschließt. Ein Bein des Probanden wird selbstständig oder mithilfe des Testers angewinkelt und maximal zum Körper heran gezogen. Dabei fixiert der Proband das Bein mithilfe seiner Hände knapp unter dem Knie, um die Lendenwirbelsäule und das Becken zu stabilisieren. Das andere Bein befindet sich weiterhin im Überhang. Die Hüftflexion des hängenden Beines wird beobachtet. Aussagekräftig ist hier die Position des Oberschenkels im Verhältnis zur Körperlängsachse. Ein Abheben des Beckens und eine Hyperlordose im LWS-Bereich gilt es zu vermeiden (Janda, 2000, S. 258).
Kniestreckmuskulatur (M. rectus femoris)	Die Testperson platziert sich in Rückenlage auf der Behandlungsliege, die Beine hängen von der Liege herunter, sodass das Gesäß mit der Kante der Auflagefläche abschließt. Ein Bein des Probanden wird selbstständig angewinkelt und maximal zum Körper heran gezogen. Das andere Bein wird vom Tester im maximalen Hüftextensionswinkel fixiert und so weit wie möglich im Kniegelenk gebeugt. Aussagekräftig ist hier der Winkel zwischen Ober- und Unterschenkel. Ein Abheben des Beckens und eine Hyperlordose im LWS-Bereich gilt es zu vermeiden (Janda, 2000, S. 258).
Kniebeugemuskulatur (Mm. ischiocrurales)	Die Testperson platziert sich in Rückenlage auf der Behandlungsliege. Ein Bein wird aufgestellt, es findet eine Flexion in Hüft- und Kniegelenk statt, die Fußsohle behält Kontakt zur Auflagefläche. Der Tester greift das andere Bein am Fußgelenk und führt es bei gestrecktem Kniegelenk bis zur maximal möglichen Hüftflexion. Mit der anderen Hand fixiert er das gestreckte Bein unterhalb der Patella. Aussagekräftig ist hier der Hüftbeugewinkel. Ein Abheben des Beckens und eine Hyperlordose im LWS-Bereich gilt es zu vermeiden. Das unterstützte Bein muss gestreckt bleiben, während das andere seine Position beibehält (Janda, 2000, S. 261).

Wadenmuskulatur (Mm. triceps surae)	Die Testperson platziert sich in Rückenlage auf der Behandlungsliege. Ein Bein wird aufgestellt, es findet eine Flexion in Hüft- und Kniegelenk statt, die Fußsohle behält Kontakt zur Auflagefläche. Das andere Bein wird gestreckt, während sich die distale Hälfte des Unterschenkels nicht auf der Liege befindet. Der Tester greift den Fuß distal am Fersenbein, während die andere Hand die Fußaußenkante ergreift. Anschließend wird ein distaler Zug auf das Fersenbein ausgeübt, während die andere Hand, mithilfe des Daumens einen achsengerechten Druck auf den Vorfuß zum Schienbein hin vollführt. Um den Schollenmuskel isoliert zu testen wird das getestete Bein im Kniegelenk nach Erreichen der maximalen Dorsalextension gebeugt. Unter Verwendung dieser Maßnahme kann der Schollen- und Zwillingswadenmuskel differenziert getestet werden. Der Druck des Daumens sollte in jedem Fall über den äußeren Fußrand erfolgen (Janda, 2000, S. 255)

Tab. 3: Darstellung der Richtwerte nach Janda und Ergebnispräsentation (eigene Darstellung)

Getestete Muskelgruppe	Normwerte	Ergebnis des Probanden
Brustmuskulatur (M. pectoralis major)	Stufe 0: Keine Beweglichkeitsdefizite. Der Oberarm erreicht die Horizontale und kann durch leichten Druck des Testers noch tiefer gebracht werden. Stufe 1: Leichte Beweglichkeitsdefizite. Der Oberarm erreicht die Horizontale nur durch leichten Druck des Testers. Stufe 2: Deutliche Beweglichkeitsdefizite. Der Oberarm erreicht die Horizontale auch mit leichtem Druck des Testers nicht (Janda, 2000, S. 271).	Rechts: 0 Links: 0
Hüftbeugemuskulatur (M. iliopsoas)	Stufe 0: Keine Beweglichkeitsdefizite. Der Oberschenkel erreicht die Horizontale und kann durch leichten Druck des Testers noch tiefer gebracht werden. Stufe 1: Leichte Beweglichkeitsdefizite. Der Oberschenkel erreicht die Horizontale nur durch leichten Druck des Testers. Stufe 2: Deutliche Beweglichkeitsdefizite. Der Oberarm erreicht die Horizontale auch mit leichtem Druck des Testers nicht (Janda, 2000, S. 259).	Rechts: 1 Links: 1

Kniestreckmuskulatur (M. rectus femoris)	Stufe 0: Keine Beweglichkeitsdefizite. Der Unterschenkel hängt senkrecht herab, durch leichten Druck des Testers lässt er sich noch weiter beugen. Stufe 1: Leichte Beweglichkeitsdefizite. Der Unterschenkel ist leicht gestreckt. Mithilfe des Testers lässt sich ein 90° Kniebeugewinkel erreichen. Stufe 2: Deutliche Beweglichkeitsdefizite. Der Unterschenkel ist deutlich gestreckt, auch mithilfe des Testers ist ein 90° Kniebeugewinkel ausgeschlossen (Janda, 2000, S. 259).	Rechts: 0 Links: 0
Kniebeugemuskulatur (Mm. ischiocrurales)	Stufe 0: Keine Beweglichkeitsdefizite. Es lässt sich eine Hüftgelenksflexion von 90° erreichen. Stufe 1: Leichte Beweglichkeitsdefizite. Es lässt sich eine Hüftgelenksflexion von 80 – 90° erreichen. Stufe 2: Deutliche Beweglichkeitsdefizite. Die maximal mögliche Hüftgelenksflexion beträgt unter 80° (Janda, 2000, S. 262).	Rechts: 2 Links: 2
Wadenmuskulatur (Mm. triceps surae)	Stufe 0: Keine Beweglichkeitsdefizite. Die Dorsalextension ist mindestens bis zur 0°-Stellung möglich (90° zwischen Fuß- und Unterschenkel. Stufe 1: Leichte Beweglichkeitsdefizite. Die 0°-Stellung wird nicht erreicht, eine Dorsalextension ist dennoch möglich. Stufe 2: Deutliche Beweglichkeitsdefizite. Die Dorsalextension ist nur bis 10° unterhalb der 0°-Stellung möglich (Janda, 2000, S. 255)	Rechts: 1 Links: 1

Betrachtet man die in Tab. 3 dargestellten Ergebnisse lassen sich leichte Defizite in Hüftbeuge- und Wadenmuskulatur erkennen. Diese Defizite lassen sich auf das arbeitsbedingte Sitzen und fehlende sportliche Betätigung zurückführen, das heißt der Proband bewegt sich dauerhaft in eingeschränkten Bewegungsamplituden. Durch das vermutlich falsche Sitzen, sprich die Waden sind über längere Zeit aufgestellt, sodass die Fersen den Boden nicht berühren, stehen Waden- und Hüftbeugemuskulatur über längere Zeit unter Spannung. Die Kniebeugemuskulatur erreicht im Beweglichkeitstest alles andere als eine wünschenswerte Position. Auch hier liegt die Ursache vermutlich im limitierten Bewegungsalltag des Kunden. Man kann also insgesamt davon ausgehen, dass das stetige Sitzen in gebeugter Haltung verantwortlich für die bewegungstechnischen Defizite ist. Dementsprechend sollte die Brust- und Rückenstreckmuskulatur präventiv im Dehnprogramm enthalten sein, um zukünftige Schwierigkeiten in diesen Bereichen zu vermeiden, da diese oftmals mit einer schlechten Haltung einhergehen. Um dem entgegenzuwirken und die Trainingsmotive des Probanden zu bedienen ist ein ausgewogenes Dehnprogramm mit Schwerpunkt auf Hüftbeuge-, Waden- und vor allem Kniebeugemuskulatur empfehlenswert. Außerdem ist eine Stärkung der jeweiligen Antagonisten von Vorteil.

3   Trainingsplanung Beweglichkeitstraining

Unter Bezugnahme der Personendaten aus Tab. 1 und des Beweglichkeitstests aus Tab. 2 wurde im Folgenden ein Dehnprogramm zusammen gestellt. Der Schwerpunkt liegt hierbei auf der Hüftbeuge-, Waden- und insbesondere der Kniebeugemuskulatur. Der Kunde lässt sich als Anfänger einstufen, da er bisher keinerlei Erfahrungen, weder im Umgang mit einem Dehntraining, noch etwas Vergleichbarem, sammeln konnte. Außerdem geht er seit geraumer Zeit keiner sportlichen Aktivität mehr nach. Aufgrund dessen wird fürs Erste ein weiches Dehnen vorgezogen, um ein, auf zu hohem Schmerz basiertes, frühzeitiges Quittieren des Probanden zu vermeiden. Auf längere Sicht gesehen kann auf ein maximales Dehnen umgestellt werden, da dies weitaus bessere Effekte in Bezug auf die Bewegungsreichweite der Gelenke verspricht. Unter weichem Dehnen versteht man das Empfinden eines deutlichen Dehngefühls in der angestrebten Muskulatur, während maximales Dehnen ein größtmögliches Dehngefühl hervorruft, welches nach Erreichen umgehend wieder aufgelöst werden sollte (Marschall, 1999). Allerdings ist der Kunde aufgrund des jungen Alters und nicht vorhandener gesundheitlicher Einschränkungen voll belastbar, weshalb den Übungen eine mittlere Intensität zugrunde liegt. Der Kunde sollte die Übungen also bis kurz vor Beginn des Dehnschmerzes ausführen, da ein maximal tolerierbarer Dehnschmerz aus wissenschaftlicher Sicht zwar hilfreich -, aus pädagogischer Sicht aber nicht empfehlenswert ist. Außerdem empfiehlt sich eine Dehndauer von bis zu 45 Sekunden bei maximal 4 Sätzen pro Übung, da alles Weitere keinen signifikanten Mehrwert erbringt (Schönthaler & Ohlendorf, 2002). Die Reihenfolge der Übungen ist von entscheidender Bedeutung, es wurde darauf geachtet alle liegenden Übungen im Anschluss an alle stehenden Übungen auszuführen. Die Trainingshäufigkeit von 3-mal pro Woche geht aus Tab. 1 hervor und eignet sich, um die Beweglichkeit von Anfängern zu verbessern (Rancour, Holmes, & Cipriani, 2009).

Tab. 4: Darstellung des Dehnprogramms (eigene Darstellung)

Belastungsgefüge		
Trainingshäufigkeit pro Woche	Sätze pro Übung	Intensität
3	4	Mittlerer Dehnreiz, weiches Dehnen
Beschreibung der Dehnübungen		
Übung	Zielmuskulatur der Übung	Dehnmethode	Dehndauer pro Satz
1	Oberer Trapezmuskel (M. trapezius pars descendens)	aktiv statisch	30 Sekunden
2	Schulterblattmuskulatur (M. trapezius pars descendens, M. trapezius pars traversa, M. rhomboideus major)	aktiv dynamisch	30 Sekunden
3	Brustmuskulatur (M. pectoralis major, M. biceps brachii)	passiv statisch	30 Sekunden
4	Rückenstrecker (M. erector spinae)	aktiv statisch	30 Sekunden
5	Kniebeugemuskulatur (M. biceps femoris, M. semimembranosus, M. semitendinosus)	passiv statisch	30 Sekunden
6	Wadenmuskulatur (Mm. triceps surae)	passiv dynamisch	30 Sekunden
7	Hüftbeugemuskulatur (M. iliopsoas)	passiv statisch	30 Sekunden
8	Adduktoren (M. pectineus, M. adduktor longus, M. adduktor magnus)	aktiv dynamisch	30 Sekunden
9	Seitliche Bauchmuskulatur (M. obliquus externus abdominis, M. obliquus internus abdominis)	passiv statisch	30 Sekunden
10	Kniebeugemuskulatur (Mm. ischiocrurales)	postisometrisch	-

Tab. 5: Durchführung und Begründung des Dehnprogramms (eigene Darstellung)

Übung	Begründung	Durchführung
1	Eine sitzende Bürotätigkeit begünstigt Verspannungen im Nackenbereich, da der Kopf oftmals über längeren Zeitraum in einer ähnlichen, meist eher ungünstigen Position gehalten wird. Um diesem Problem präventiv entgegenzuwirken ist eine Dehnung dieser Muskulatur Bestandteil des Dehnprogramms.	Die Ausgangsposition ist der Stand. Der Kunde schaut geradeaus und neigt den Kopf zur Seite, ohne die Blickrichtung zu ändern. Die gegenüberliegende Schulter, zu der der Kopf nicht geneigt wurde, wird aktiv nach unten gezogen, um eine Dehnposition hervorzurufen. Nun wird diese Position für 30 Sekunden gehalten. Pro Seite werden 4 Sätze vollführt.
2	Die Übung dient der Lockerung der Schulterblattfixatoren und der umliegenden Muskulatur, beispielsweise der M erector spinae in diesem Bereich. Insgesamt können auch hier Verspannungen durch einen stressigen Alltag und permanent ähnliche Bewegungsmuster gefördert werden. Beispielsweise Spannungskopfschmerzen sind hier ein Thema. Zur Vermeidung dieser Beschwerden ist die Übung Teil des Programms.	Die Ausgangsposition ist der Stand. Die Finger werden verschränkt, sodass die Handinnenflächen vom Körper weg zeigen. Nun werden die Arme gestreckt und parallel zum Boden auf Höhe der Schulter gehalten. Anschließend wird der Kopf leicht zu Boden geneigt und die Schultern aktiv nach vorne geschoben, während sie stets tief gehalten werden, um eine Dehnposition hervorzurufen. Um dynamisch zu dehnen werden die Schultern wieder Richtung Wirbelsäule zurückgezogen und der Kopf leicht aufgerichtet. Dies geschieht im Wechsel für 30 Sekunden. Es werden 4 Sätze vollführt.
3	Bei dieser Übung wird einer Bewegungseinschränkung im Brustmuskelbereich entgegengewirkt. Auch die Dehnung im M. biceps brachii ist von Vorteil, da der Proband viel sitzt und sich die Arme dementsprechend in gebeugter Haltung befinden. Es wird also einem eingeschränkten Bewegungsmuster im Alltag eine Alternative geboten.	Die Ausgangsposition ist der Stand. Die Arme werden hinter den Körper geführt und nach außen rotiert, sodass die Daumen möglichst nach hinten zeigen. Um eine passive Dehnung zu erreichen werden die Arme von einer zweiten Person in Absprache mit dem Probanden leicht nach hinten oben geführt. Diese Position wird für 30 Sekunden gehalten. Es werden 4 Sätze vollführt.
4	Durch das stetige Sitzen im Alltag kann man davon ausgehen, dass im Bereich des Rückenstreckers ein Bewegungs- und Kraftdefizit vorliegt. Um dem entgegenzuwirken wird die Übung miteingebunden.	Die Ausgangsposition ist der Vierfüßlerstand. Die Bauchmuskulatur wird aktiv angespannt und die Wirbelsäule im möglichen Bewegungsrahmen nach oben gewölbt. Diese Position wird für 30 Sekunden gehalten. Es werden 4 Sätze vollführt.

5	Aufgrund des größten Beweglichkeitsdefizites in diesem Bereich steht es außer Frage diese Muskulatur zu dehnen und im Programm mitaufzunehmen, um die Beweglichkeit wiederherzustellen bzw. zu verbessern.	Die Ausgangsposition ist die Rückenlage. Ein Bein wird im Kniegelenk gebeugt und aufgestellt, sodass die Fußsohle den Boden vollständig berührt. Das andere Bein wird mit beiden Händen knapp unterhalb der Kniekehle erfasst und zum Körper herangezogen. Um eine Dehnposition zu erreichen wird das Bein so gut es geht gestreckt. Anschließend wird die Position für 30 Sekunden gehalten. Pro Seite werden 4 Sätze vollführt.
6	Die Wadenmuskulatur befindet sich im Alltag des Kunden bzw. während seiner Bürozeiten oftmals in einer aufgestellten und somit kontrahierten Position. Um dieser schlechten Haltung entgegenzuwirken wird diese Übung involviert. Da die Wadenmuskulatur bereits ein Defizit aufweist erklärt sich die Notwendigkeit der Übung außerdem.	Die Ausgangsposition ist der Stand. Ein Bein wird nach hinten gestellt, sodass die Fußsohle den Boden berührt. Das Kniegelenk des hinteren Beines wird gestreckt, während sich das vordere Bein in einer gebeugten Position befindet. Der Oberkörper wird ebenfalls leicht nach vorne gebeugt, sodass er eine Linie mit dem nach hinten gestreckten Bein bildet. Die Füße befinden sich in einem parallelen Stand und zeigen nach vorne. Nun kann die Dorsalextension des hinteren Beines durch eine verstärkte Beugung des vorderen Beines vergrößert werden. Anschließend wird das vordere Bein im Wechsel für 30 Sekunden gestreckt und gebeugt, um eine dynamische Bewegung zu erreichen. Pro Seite werden 4 Sätze vollführt.
7	Im Berufsalltag befindet sich die Hüfte dauerhaft in einer flexierten Position und sorgt somit für eine Anspannung des Hüftbeugers. Da bereits ein Defizit vorliegt ist es von enormer Wichtigkeit diese Übung zu integrieren, um diesem Defizit entgegenzuwirken.	Die Ausgangsposition ist der Kniestand. Ein Bein wird gebeugt nach vorne gestellt, sodass die Fußsohle den Boden berührt und die Fußspitze über das Knie hinausragt. Das andere Bein wird nach hinten abgelegt, sodass das Knie und der Unterschenkel Kontakt zum Boden haben. Der Proband stützt sich mit den Händen auf dem vorderen Bein ab. Der Oberkörper befindet sich dauerhaft in einer aufrechten Position. Eine Dehnposition wird erreicht indem das Becken nach vorne unten abgesenkt wird. Dort angekommen wird die Position für 30 Sekunden gehalten. Pro Seite finden 4 Sätze statt.

8	Die Adduktoren neigen häufig zu Bewegungseinschränkungen, da ihr Bewegungsausmaß im Alltag meist nicht vollständig genutzt wird.	Eine sitzende Position wird eingenommen. Die Hände stützen den Oberkörper nach hinten ab, während die Beine nach vorne ausgestreckt werden. Um eine Dehnposition zu erreichen werden die Beine so weit wie möglich nach außen abgespreizt. Indem der Oberkörper nach vorne gekippt wird, lässt sich die Dehnung verstärken. Dieser befindet sich dabei dauerhaft in einer aufrechten Position. Um eine dynamische Bewegung zu erreichen wird der Oberkörper für 30 Sekunden abwechselnd nach vorne und wieder zurück gekippt. Es finden 4 Sätze statt.
9	Die Übung dient der Bewegungserweiterung der Wirbelsäule, sie soll mobilisiert werden, um einen Ausgleich zum Alltag zu schaffen.	Die Ausgangsposition ist die Rückenlage. Beide Beine werden im Kniegelenk gebeugt und auf den Fußsohlen aufgestellt. Die Arme werden im rechten Winkel vom Körper abgespreizt. Die Schultern berühren dauerhaft den Boden. Eine Dehnposition wird erreicht indem die Beine zur Seite auf dem Boden abgelegt werden. Diese Position wird für 30 Sekunden gehalten. Pro Seite finden 4 Durchgänge statt.
10	Aufgrund des schlechten Ergebnisses der ischiocruralen Muskulatur ist es besonders wichtig diesen Bereich zu dehnen, dementsprechend wurde die postisometrische Methode angewandt. Diese soll dem Kunden weiterhin helfen seine Defizite zu überwinden und gerade diese Muskulatur weitestgehend wiederherzustellen.	Die Ausgangsposition ist die Rückenlage. Um der Wirbelsäule, speziell der Lendenwirbelsäule, durchgehende Berührpunkte zum Boden zu liefern wird das Becken aufgerichtet. Ein Bein wird leicht angewinkelt aufgestellt. Eine zweite Person greift das andere Bein knapp über dem Sprunggelenk und führt es nach oben, um eine leichte Dehnposition zu erreichen. Die andere Hand der assistierenden Person unterstützt das gestreckte Bein knapp unterhalb der Kniekehle. Um eine isometrische Kontraktion zu erreichen drückt der Proband sein Bein für 10 Sekunden gegen die unterstützende Hand am Fußgelenk. Nun wird die Muskulatur für 3 Sekunden entspannt, um anschließend eine für den Probanden deutlich spürbare Dehnposition einzunehmen, indem das Bein noch weiter nach oben geführt wird. Die Position wird für 20 Sekunden gehalten. Daraufhin wird das Bein wieder isometrisch kontrahiert. Dieser Wechsel von Kontraktion und Dehnung findet für insgesamt ca. 60 Sekunden statt. Pro Seite werden 4 Durchgänge praktiziert (Hohmann, Lames, & Letzelter, 2002, S. 100).

4   Trainingsplanung Koordinationstraining

Das folgende Koordinationsprogramm findet im Sinne eines Gleichgewichtstrainings statt. Es geht vor allem darum das Gleichgewicht zu halten und gegebenenfalls auf äußere Einflüsse zu reagieren, um dieses wiederherzustellen. Dabei können wechselnde Umwelt- bzw. Situationsbedingungen oder schlichtweg Hilfsmittel wie verschiedene Unterstützungsflächen, Bälle oder eine zweite Person, in diesem Falle ein Therapeut, verwendet werden (Chwilkowski, 2006, S. 10-11). Bezüglich des Programmaufbaus wurde darauf geachtet schnelle, komplexe und anspruchsvolle Übungen im Anschluss an langsame und einfachere – zu absolvieren. Dementsprechend wurde ein leichter Einstieg gewählt. Dieser dient der mentalen Vorbereitung auf das kommende Training und kann dabei helfen den Körperschwerpunkt auf einfachem Wege zu ermitteln, um mehr Sicherheit und ein gesteigertes Wahrnehmungsgefühl für nachfolgende Übungen zu erfahren. Da der Alltag des Probanden stressig – und von einseitigen Bewegungsmustern geprägt ist, dient dieses Programm außerdem dem mentalen Ausgleich zum Berufsleben. Ziel des Programms ist es weiterhin die Tiefenstabilität des Probanden zu sensibilisieren bzw. zu intensivieren und dessen Körperwahrnehmung zu steigern, sodass er im Alltag effizientere Bewegungen durchführen – und ein gesteigertes Bewusstsein für optimale Bewegungsmuster entwickeln kann. Dies kann ihm weiterhin dazu verhelfen, seine Haltung zu verbessern und sich insgesamt gesünder zu bewegen bzw. gesünder zu sitzen. Da im weiteren Verlauf seiner sportlichen Laufbahn sinnvollerweise ein ergänzendes Krafttraining geplant ist, können ihm neu erlernte koordinative Aspekte dabei helfen bereits ein gewisses Maß an Muskelgefühl zu entwickeln, um seine Ausführung bei bestimmten Übungen schneller zu optimieren. Das Training schult also frühzeitig das Gehirn mit mentaler Anstrengung umzugehen und unterstützt den Probanden im späteren Verlauf im Umgang mit eben jener. Bezüglich des Belastungsgefüges sind keine einheitlichen Parameter festgelegt, das Training kann im Anschluss an das Dehnprogramm stattfinden.

Tab. 6: Darstellung des Koordinationsprogramms (eigene Darstellung)

Belastungsgefüge		
Trainingshäufigkeit pro Woche	Sätze pro Übung	Satzpausen
3	2	20 Sekunden
Beschreibung der Dehnübungen		
Übung	Definition	Hilfsmittel/Kleingerät	Belastungsdauer
1	Beidbeiniger Stand auf stabilem Untergrund	Therapeut	30 Sekunden pro Satz
2	Einbeiniger Stand auf stabilem Untergrund	Therapeut	30 Sekunden pro Satz
3	Einbeiniger Stand auf stabilem Untergrund	Therapeut, Handball	30 Sekunden pro Satz
4	Beidbeiniger Stand auf instabilem Untergrund	Therapeut, Basketball, Balance-Pad, Wand	30 Sekunden pro Satz
5	Einbeiniger Stand auf instabilem Untergrund	Therapeut, Basketball, Balance-Pad	30 Sekunden pro Satz
6	Sitzen auf instabilem Untergrund	Therapeut, Fitball	30 Sekunden pro Satz
7	Sitzen auf instabilem Untergrund	Therapeut, Fitball, Therapiekreisel, Flexibar	30 Sekunden pro Satz
8	Stand auf äußerst instabilem Untergrund	Therapeut, Therapiekreisel	30 Sekunden pro Satz
9	Stand auf äußerst instabilem Untergrund	Therapeut, 2 Therapiekreisel	30 Sekunden pro Satz
10	Gang über äußerst instabilen Untergrund	4 Therapiekreisel	3 Durchgänge pro Satz

Tab. 7: Durchführung und Begründung des Koordinationsprogramms (eigene Darstellung)

Übung	Durchführung
1	Die Ausgangsposition ist der Stand. Der Proband verlagert sein Gewicht in Anlehnung an die Richtungsanweisungen des Therapeuten, dabei sollte ein fester Stand beibehalten werden, um nicht aus dem Gleichgewicht zu kommen. Bei Bedarf und um die Übung anspruchsvoller zu gestalten können die Augen geschlossen werden. Außerdem kann der Therapeut mithilfe von taktilen Reizen Druck auf verschiedene Körperregionen des Probanden ausüben, um ihm die Übung zu erschweren.
2	Die Ausgangsposition ist der Stand. Der Proband hebt ein Bein und beugt es im Kniegelenk, sodass der Oberschenkel parallel zum Boden steht. Bei Bedarf kann durch eine Abduktion der Arme mehr Sicherheit erhalten werden. Der Proband verlagert sein Gewicht in Anlehnung an die Richtungsanweisungen des Therapeuten, dabei sollte ein fester Stand beibehalten werden, um nicht aus dem Gleichgewicht zu kommen. Bei Bedarf und um die Übung anspruchsvoller zu gestalten können die Augen geschlossen werden. Außerdem kann der Therapeut mithilfe von taktilen Reizen Druck auf verschiedene Körperregionen des Probanden ausüben, um ihm die Übung zu erschweren. Ein satzweiser Wechsel des angehobenen Beins ist empfehlenswert.
3	Die Ausgangsposition ist der Stand. Der Proband hebt ein Bein und beugt es im Kniegelenk, sodass der Oberschenkel parallel zum Boden steht. Der Therapeut wirft dem Probanden in regelmäßigen Abständen einen Handball zu, den dieser zurück wirft, dabei sollte er den Probanden fordern, indem verschiedene Winkel angepeilt werden. Ein fester Stand sollte beibehalten werden. Ein satzweiser Wechsel des angehobenen Beins ist empfehlenswert.
4	Die Ausgangsposition ist der Stand auf einem Balance-Pad, welches ca. 2 Meter vor einer Wand platziert wird. Der Proband startet mit einem Basketball in seinen Händen. An der Wand befinden sich 4 Felder, welche der Proband auf Anweisung des Therapeuten zu treffen versucht. Anschließend versucht er den Ball wieder zu fangen. Dadurch, dass ein Ziel getroffen werden muss, wird seine Genauigkeit geschult. Dies beschreibt einen ausgeübten Präzisionsdruck seitens des Probanden (Neumaier & Mechling, 1994).
5	Die Ausgangsposition ist der Stand auf einem Balance-Pad. Der Proband hebt ein Bein und beugt es im Kniegelenk, sodass der Oberschenkel parallel zum Boden steht. Der Therapeut wirft dem Probanden in regelmäßigen Abständen einen Basketball zu, den dieser zurück wirft. Der Therapeut bewegt sich währenddessen im Raum, dies sorgt für einen wechselnden Kraftaufwand, den der Proband benötigt und somit für einen gesteigerten Schwierigkeitsgrad. Dadurch, dass der Proband ein Ziel treffen muss, wird seine Genauigkeit geschult. Dies beschreibt einen ausgeübten Präzisionsdruck seitens des Probanden (Neumaier & Mechling, 1994). Ein satzweiser Wechsel des angehobenen Beins ist empfehlenswert.
6	Die Ausgangsposition ist der Sitz auf einem Fitball, dabei berühren die Fußsohlen den Boden, während der Oberkörper sich in einer aufrechten Position befindet. Der Proband verlagert sein Gewicht in Anlehnung an die Richtungsanweisungen des Therapeuten. Bei Bedarf und um die Übung anspruchsvoller zu gestalten können die Augen geschlossen werden. Außerdem kann der Therapeut mithilfe von taktilen Reizen Druck auf verschiedene Körperregionen des Probanden ausüben, um ihm die Übung zu erschweren.

7	Die Ausgangsposition ist der Sitz auf einem Fitball, dabei stehen die Füße auf einem Therapie-kreisel, während der Oberkörper sich in einer aufrechten Position befindet. Der Proband hält eine Flexibar in seinen Händen und versucht mit deren Enden den Boden links und rechts neben dem Fitball anzutippen. Die Schnelligkeit entscheidet hierbei den Schwierigkeitsgrad.
8	Die Ausgangsposition ist der Stand auf einem Therapiekreisel. Auf Anweisung des Therapeuten hebt der Proband einen seiner Füße leicht an. Die Position wird bis zum erneuten Zuruf des Therapeuten gehalten. Bei Bedarf und um die Übung anspruchsvoller zu gestalten können die Augen geschlossen werden. Die Schnelligkeit entscheidet weiterhin den Schwierigkeitsgrad.
9	Die Ausgangsposition ist der Stand auf zwei Therapiekreiseln, dabei steht jeweils ein Fuß auf einem Kreisel, sodass diese sich nicht berühren. Bei Bedarf und um die Übung anspruchsvoller zu gestalten können die Augen geschlossen werden. Außerdem kann der Therapeut mithilfe von taktilen Reizen Druck auf verschiedene Körperregionen des Probanden ausüben, um ihm die Übung zu erschweren.
10	Die Ausgangsposition ist der Stand vor vier hintereinander angeordneten Therapiekreiseln, die sich nicht berühren. Um diesen Parcours zu meistern, muss der Proband über jeden der Therapiekreisel laufen. Dabei muss jeder Kreisel von beiden Füßen berührt worden sein. Bei Bedarf und um die Übung anspruchsvoller zu gestalten können die Augen geschlossen werden. Die Schnelligkeit entscheidet weiterhin den Schwierigkeitsgrad.

5   Literaturrecherche

Tab. 8: Vergleich zweier Studien über die Effekte des Dehnens im Hinblick auf eine Verletzungsprophylaxe (eigene Darstellung)

	Studie 1 (Hartig & Henderson, 1999)	Studie 2 (Pope, Herbert, Kirwan, & Graham, 2000)
Wer hat die Studie durchgeführt?	Donald E. Hartig und James M. Henderson	Rodney Peter Pope, Robert Dale Herbert, John Dennis Kirwan und Bruce James Graham
Jahr der Publikation	1999	2000
Versuchspersonen und Versuchsaufbau	Insgesamt 298 männliche Rekruten wurden einer Interventions- (150 Rekruten) und einer Kontrollgruppe (148 Rekruten) zugeordnet. Beide Gruppen führten eine 13-wöchige Militärgrundausbildung mit geplantem Fitnessprogramm durch. Die Kontrollgruppe absolvierte eine normale Grundausbildung. Die Interventionsgruppe folgte demselben Programm, fügte allerdings drei Dehneinheiten der ischiocruralen Muskulatur hinzu. Die Beweglichkeit dieser Muskulatur wurde zu Anfang und zu Ende des 13-wöchigen Programms gemessen. Alle Verletzungen der unteren Extremitäten wurden protokolliert.	1538 männliche Rekruten zwischen 17 und 35 wurden randomisiert in eine Dehn- (735 Rekruten) und eine Kontrollgruppe (803 Rekruten) eingeteilt. Während der folgenden 12 Trainingswochen führten beide Gruppen vor den körperlichen Trainingseinheiten aktive Aufwärmübungen durch. Zusätzlich führte die Dehngruppe eine 20-sekündige statische Dehnung unter Aufsicht für jede der sechs Hauptbeinmuskelgruppen während jedes Aufwärmens durch. Die Kontrollgruppe führte kein Dehnprogramm durch.
Relevante Ergebnisse und Schlussfolgerungen	Es traten 43 Verletzungen in der Kontrollgruppe, verglichen mit 25 Verletzungen in der Interventionsgruppe, auf. Die Kniesehnenflexibilität der Interventionsgruppe ist im Vergleich zur Kontrollgruppe signifikant erhöht. Die Anzahl an Verletzungen in der Interventionsgruppe ist signifikant niedriger. Ein spezielles Dehnprogramm führt bei den Rekruten also zu einer Verringerung des Risikos sportbedingter Verletzungen.	Es wurden 333 Verletzungen der unteren Extremitäten während einer Trainingsperiode aufgezeichnet. Diese schließen 214 Weichteilverletzungen mit ein. Es gab 158 Verletzungen in der Dehngruppe und 175 in der Kontrollgruppe. Ein spezielles Dehnprogramm führt bei den Rekruten also zu keiner klinisch bedeutsamen Verringerung des Risikos sportbedingter Verletzungen.

6   Literaturverzeichnis

Chwilkowski, C. (2006). *Medizinisches Koordinationstraining - Verbesserung der Haltungs- und Bewegungskoordination durch Propriozeption* (2. Ausg.). Köln: Deutscher Trainer Verlag.

Hartig, D. E., & Henderson, J. M. (1. März 1999). Increasing Hamstring Flexibility Decreases Lower Extremity Overuse Injuries in Military Basic Trainees. *The American journal of sports medicine, 27*(2), S. 173-176.

Hohmann, A., Lames, M., & Letzelter, M. (2002). *Einführung in die Trainingswissenschaft* (2. Ausg.). Wiebelsheim: Limpert.

Janda, V. (2000). *Manuelle Muskelfunktionsdiagnostik* (4. Ausg.). München: Urban und Fischer.

Marschall, F. (1999). Wie beeinflussen unterschiedliche Dehnintensitäten kurzfristig die Veränderung der Bewegungsreichweite? *Deutsche Zeitschrift für Sportmedizin*(50 (1)), S. 5-9.

Neumaier, A., & Mechling, H. (1994). Taugt das Kozept „koordinativer Fähigkeiten'' als Grundlage für sportartspezifisches Koordinationstraining? In P. Blaser, K. Witte, & C. Stucke, *Steuer- und Regelvorgänge der menschlichen Motorik* (S. 93-105). Sankt Augustin: Academia.

Pope, R. P., Herbert, R. D., Kirwan, J. D., & Graham, B. J. (Februar 2000). A randomized trial of preexercise stretching for prevention of lower-limb injury. *Medicine and science in sports and exercise, 32*(2), S. 271-277.

Rancour, J., Holmes, C. F., & Cipriani, D. J. (2009). The effects of intermittent stretching following a 4-week static stretching protocol: a randomized trial. *Journal of Strength and Conditioning Research*(23 (8)), S. 2217-2222.

Schönthaler, S. R., & Ohlendorf, K. (2002). *Biomechanische und neurophysiologische Veränderungen nach ein- und mehrfach seriellem passivstatischem Beweglichkeitstraining.* Köln: Sport und Buch Strauß.

7   Tabellenverzeichnis

BEI GRIN MACHT SICH IHR WISSEN BEZAHLT

- Wir veröffentlichen Ihre Hausarbeit,
  Bachelor- und Masterarbeit

- Ihr eigenes eBook und Buch -
  weltweit in allen wichtigen Shops

- Verdienen Sie an jedem Verkauf

Jetzt bei www.GRIN.com hochladen und kostenlos publizieren